EL LIBRO DE
COCINA CRIOLLA
VENEZOLANA
DE
TULIO FEBRES CORDERO

182 RECETAS ORIGINALES DE 1899

EL LIBRO DE COCINA CRIOLLA VENEZOLANA DE TULIO FE-
BRES CORDERO 182 RECETAS ORIGINALES DE 1899*

Ediciones Inteligentes ER

ISBN: 9798385940769

Portada: Estudio de diseño LeThermidor*

Fotografías: Enrique Rodríguez, Freepik, Pixabay, Pexel, Wiki Com-
mons.

Diseño y diagramación interna: Estudio de diseño LeThermidor*

Bibliografía: Se usaron citas de variadas fuentes, de muchos ex-
pertos. Se han intentado respetar y apegarse a las normas citando
oportunamente los autores.

La historia de los libros de cocina es extensa y silenciosa. Desde las inscripciones en las cuevas de Altamira, hasta nuestros tiempos, la culinaria ha sido paulatinamente conservada en los registros pictóricos y escritos con sumo cuidado, tal como ha de ser para todo legado de importancia crucial para la sociedad.

En las tablillas de arcilla con texto cuneiforme halladas en Babilonia que datan de 1750 a. C., se logró descifrar la escritura de 21 recetas de guisos con carne y 4 con vegetales. Un estofado de cordero, un guiso con betabel y hasta pan de cerveza.

Marco Gavio Apicio nos dejó la primera obra de literatura gastronómica formal en la edad Antigua, circa el año 400 de nuestra era, con el título *De re coquinaria*. El manuscrito recoge cerca de 500 recetas mediterráneas. Platos griegos que los ro-manos adaptaron a su paladar como el cordero con cilantro o pepino y salsa de menta.

Don Tulio Febres Cordero hizo lo propio con la gastronomía criolla venezolana en 1899 cuando recogió, en su dinámico libro *COCINA CRIOLLA* escrito con un lenguaje breve y preciso, 182 recetas de la cotidianidad criolla. Este es el primer libro de cocina formal escrito en Venezuela con un sentido de estricta venezolanidad y con la intención de brindar al usuario una variedad de platos realizables con ingredientes locales y fáciles de encontrar. Una literatura clásica de la cocina venezolana que todo sibarita que se precie ha de conservar.

Como sello editorial ER se enorgullece de publicar esta hermosa edición año 2023 que incluye ilustraciones y la biografía de Don Tulio. En el mejor ánimo de enaltecer la culinaria venezolana y los valores de la cultura criolla tradicional.

Enrique Rodríguez Febres Cordero. 2023

El silencio de los páramos es completo. No hay aves que canten, ni árboles que luchen con el viento, ni ríos estrepitosos que atruenen el espacio. Es una naturaleza grandiosa, pero llena de gravedad y de tristeza. Aquellos cerros desnudos y altísimos, acumulados al capricho, parecen las ruinas de un Mundo en otro tiempo habitado por cíclopes y gigantes. El perro Nevado."Tradiciones y leyendas" (1911).

Tulio Febres Cordero

Mérida (Edo. Mérida) 31.05.1860

Mérida (Edo. Mérida) 03.06.1938

"el patriarca de las letras merideñas", como se le ha conocido y reconocido en la vida cultural venezolana, tuvo siempre en cuenta la historia nacional. Todo cuanto escribió estaba en sintonía con su profunda vocación venezolanista. Su amor por los detalles del acontecer regional y nacional motiva buena parte de sus facetas como escritor, historiador y periodista. Su legado intelectual tiene la intención patriótica que motiva muchos de sus ensayos, crónicas y tratados, y a esa vocación responde su afán como coleccionista, compilador y conservador de documentos fundamentales para la historia local y regional. Tulio Febres Cordero y la tradición humanística venezolana. Gregory Zambrano. Universidad de Los Andes. 2010

Refiere Roberto Picón Lares que Don Tulio vivía "casi exclusivamente de sus clases en la Universidad" y los "sueldos para los servidores de la instrucción diríase limosnas" y que, "el curioso libro suyo Cocina Criolla (fue) escrito para defenderse de las acometidas de la miseria y el único que publicó con miras lucrativas, porque los demás fueron escritos para la Patria y para la gloria".

Fue el único libro de los tantos salidos de su inagotable pluma, que pretendió una aspiración económica en la Tipografía "El Lápiz", de su propiedad, en el año 1899, y con el valor comercial para la venta de un real.

Tulio Antonio Febres-Cordero Troconis nació en Mérida el 31 de mayo de 1860. Cursó estudios básicos en la Escuela de Varones de Mérida, y posteriormente se hizo bachiller en la ilustre Universidad de Los Andes, donde obtuvo el grado de Doctor en Derecho, fue catedrático de Historia Universal entre 1892 y 1924, incluso fue rector suplente y profesor honorario en 1936. Historiador, profesor universitario, periodista y cronista no sólo de la ciudad de Mérida, sino del estado entero. Dedicó serios estudios a la cultura de Los Andes venezolanos para comprender su historia cultural desde el siglo XVII. Notable miembro de la Academia Nacional de la Historia y de la Academia Venezolana de la Lengua, así como de la Academia Latina de las Ciencias, las Artes y las Bellas Letras con sede en París.

OBRAS

"Apoteosis" (1890).

"Estudios sobre etnografía americana" (1890).

"El nombre de América" (1892).

"Foliografía de los Andes venezolanos" (1896).

"Historia miciográfica de Venezuela" (1899).

"Los mitos de los Andes" (1900).

"Don Quijote en América o la cuarta salida del ingenioso hidalgo de La Mancha" (1905).

"Colección de cuentos" (1906).

"Datos históricos sobre la imprenta en Venezuela" (1906).

"Memorias de Tulio Febres Cordero" (1910).

"La hija del cacique o la conquista de Valencia" (novela, (1911).

"Documentos del Zulia" (1911).

"Tradiciones y leyendas" (1911).

"Décadas de la historia de Mérida" (1920).

"Historia de los Andes: procedencia y lengua de los aborígenes" (1921).

"Memorias de un muchacho" (novela, 1924).

"Archivos de historia y variedades" (2 Vols., 1930-1931).

PÓSTUMAS

"Páginas íntimas" (Mérida: Imprenta del Estado, 1939).

"Mitos y tradiciones" (Caracas: Ministerio de Educación, 1952).

"Páginas sueltas" (Mérida: Universidad de Los Andes, 1956).

"Obras completas" (6 Vols., (Bogotá: Antares, 1960)).

"Memorias de Tulio Febres Cordero (1910)" (Mérida: Instituto Autónomo Biblioteca Nacional, 1979).

"Antología bolivariana" (Mérida: Concejo Municipal del Distrito Libertador, 1983).

Estudioso de las tribus indígenas andinas, dedicó buena parte de sus obras a reseñar la riqueza cultural que les caracterizó; un ejemplo de ello está en el escrito titulado "La Hechicera de Mérida", publicada en "El Cojo Ilustrado" del 15 de febrero de 1898, Nro. 148, basado en una hermosa leyenda, narra la historia de amor entre Murachí, el primer caudillo de las Sierras Nevadas y Tibisay, la princesa de los indios de la Sierra.

Fue notable su interés por dar a conocer en un lenguaje sencillo las tradiciones, mitos y leyendas, expresiones que, si bien no forman parte de la historia académica, sin embargo, ayudan a entender la psicología de los pueblos, en especial la de la región andina.

En 1978, los herederos de la familia Febres Cordero donaron a la nación la colección de impresos y documentos pacientemente reunidos por él, así como lo dejado por su hijo José Rafael. Hoy estos materiales pueden ser consultados en la Biblioteca Febres Cordero del Instituto Autónomo Biblioteca Nacional, ubicada en Mérida.

TULIO FEBRES CORDERO

COCINA CRIOLLA

O GUÍA DEL AMA DE CASA
(PARA DISPONER LA COMIDA DIARIA CON PRONTITUD Y ACIERTO)

COCINA CRIOLLA

"¿Qué se hará hoy para el almuerzo?", esta pregunta se oye todas las mañanas en el interior de las casas; y por la tarde, esta otra: "¿Qué se hará para la comida?".

A lo cual no siempre el ama de casa responde satisfactoriamente, ya porque esté su atención embargada en otros quehaceres domésticos, ora porque no atine en el momento con los platos, ora, en fin, porque se haya agotado el repertorio o no esté su ánimo para tales cosas.

Y ya en la mesa es curioso observar los reclamos y juicios de la familia: "¡Mamá, hasta cuándo carne asada! ¡Ya no puedo pasar esta sopa de fideos! ¡Ay, otra vez arroz! ¿Por qué no hacen otra cosa?". Dichos por el estilo que desesperan al ama de casa y ponen de mal humor a la cocinera.

Pues bien, el libro de la Cocina criolla o guía del ama de casa evita todo esto, presentando como doscientos platos para escoger, desde los más suculentos hasta los más sencillos, de donde puede sacarse a diario la variedad apetecida, contando, por supuesto, con la buena gana de comer, que, según Sócrates, es el principal y más rico condimento de toda vianda.

Muchos libros de cocina se hallan en las librerías, pero ninguno satisface entre nosotros la necesidad apuntada, por referirse a platos extranjeros que, si buenos en lo general, requieren sustancias y condimentos que no siempre se consiguen o son del todo desconocidos en el país.

El presente repertorio ofrece, en síntesis, las ventajas siguientes:

1) extrema claridad en el lenguaje;

2) uso de los comestibles y condimentos comunes en nuestros mercados; y

3) forma manuable y facilidad de obtenerlo a poco costo.

Ojalá llegue a prestar a las familias, en lo que concierne al arte de cocinar, el importante servicio a que se aspira.

Mérida, 1899
EL AUTOR

7

SOPAS DE PAN

SOPA DE PAN CON PAPAS

Se fríen las tajadas de pan y también las papas, cortadas en ruedas delgadas; se prepara el queso en tajadas; se cuecen huevos que queden duros, y se cortan en ruedas; se hace una buena salsa de tomate con cebollas de cabeza, ajos, perejil, pimienta, aceite y manteca, y todo esto se pone en la cazuela a fuego lento en esta forma: primero una capa de salsa, luego otra de papas, después otra de pan, y encima otra de queso y huevo, y así sucesivamente. Debe agregársele un poco de caldo para que quede mejor conservada y servirse en la misma vasija en que se ha hecho.

SOPA DE PAN CON FRIJOLES

Se fríen tajadas de pan, se mojan en poco caldo y se ponen con los frijoles ya cocidos, que deben ser blancos, en una salsa de tomate bien sazonada, agregándole queso de Flandes rallado.

SOPA DE PAN CON ALBONDIGUILLAS

Póngase en buen caldo, papas picadas y repollo, y al servir se agregan las albondiguillas, que se preparan oportunamente con carne de lomo molida, queso, huevos, rosca, aceite, ajo, perejil, vinagre, sal y pimienta, y se le pone guiso al caldo de que se ha hablado.

SOPA DE PAN CON CARNE

Ásese un pedazo regular de carne de lomo y por separado póngase caldo en la vasija apropiada, aliñándolo con una rama de perejil, apio de Castilla, tres dientes de ajo molidos, aceite fino, pimienta, tomate y manteca con onoto (achiote). Cuando todo haya hervido, se maja la carne que se ha asado, se desmenuza lo más posible y se le agrega al caldo, dejándola hervir lo suficiente. Ya para retirar la vasija del fuego, se le ponen las ruedas de pan, advirtiendo que esta sopa no debe quedar muy calduda.

SOPA DE PAN SECA

Hágase buen guiso, se cortan tajadas de pan del día anterior, se remojan en caldo y se ponen en la cazuela sobre el guiso, echándoles encima un poquito más de caldo; y se ponen a fuego lento con ruedas de huevo cocido.

SOPA DE PAN TOSTADO

Pártase el pan en tajadas, que se ponen a tostar procurando que no queden quemadas, y se les echa por encima el caldo que sea necesario para remojarlas. Rehóguense en manteca, por separado, ruedas de cebollas, añadiéndoles leche y un poco de sal; póngase al fuego durante un cuarto de hora, poco más o menos, e hirviendo, mézclense con las tajadas de pan.

Otro modo: se ponen a cocer a fuego lento con un poco de caldo las ruedas de pan tostadas hasta que se consuma el caldo y principien a pegarse unas con otras; se despegan luego con cuidado, echándoles caldo nuevo condimentado, se pasan a la sopera y se sirven caldudas.

6

SOPAS DE PAPAS

SOPA DE PAPAS COCIDAS

Se parten en ruedas las papas; ya cocidas, se les agrega salsa, queso rallado, rosca molida, unos dos o tres huevos bien batidos, y todo se cuece a fuego lento.

SOPA DE PAPAS DESHECHAS

Limpias o mondadas las papas se cuecen hasta que se deshagan y se pasan por un colador. Separadamente se rehogan en manteca, cebollas picadas con sal, que se ponen al caldo espeso que han dado las papas, con el cual se prepara sopa de pan o de arroz indistintamente.

SOPA DE PAPAS MOLIDAS

Cocidas y molidas las papas, se les agrega harina, huevos y sal; se hacen bolitas, que se colocan en una vasija espolvoreada con harina, y se ponen al sol; se cuecen después en agua hirviendo, se escurren y se ponen en salsa con queso rallado como la macarronada.

SOPA DE APIO MOLIDO

Se prepara como la anterior.

SOPA DE PAPAS PICADA

Picadas las papas en cuadritos, se lavan bien, se ponen en caldo hirviendo y se les agrega pedacitos de carne de res o marrano, o de corazón, riñón o hígado de res, como guste más; condimentándolas con repollo y perejil picados, y buen guiso, procurando que todo quede en punto sin que las papas se deshagan.

SOPA DE APIO PICADO

Se prepara como la anterior, pero no es muy preciso ponerle picado de carne.

3

SOPAS DE GARBANZOS

SOPA DE GARBANZOS CON HOJALDAS

Después de cocidos los garbanzos, se ponen en caldo sazonado con salsa y pedacitos de tocino. Se fríen las hojaldas, que se hacen de harina mojada con huevo, y se incorporan con los garbanzos, procurando que queden en poco caldo.

SOPA DE GARBANZOS CON MARRANO

Cocidos los garbanzos y quitada el agua, se les agrega caldo, pedacitos de marrano en crudo, repollo y papas; y todo se guisa bien.

SOPA DE GARBANZOS CON ASADURA DE CARNERO (DESPERDICIOS)

Esto es lo que se llama comúnmente chanfaina, y se prepara lo mismo que la anterior.

6

SOPAS DE TORTAS

SOPA DE TORTA DE MAÍZ

Se hace una torta de maíz con queso y huevos, y después de frita se parte en cuarticos, que se echan al caldo hirviendo, guisándolos bien. Algunas personas le agregan al caldo un poco de leche. Esto va en gustos.

SOPA DE TORTA DE HARINA

Se prepara lo mismo que la anterior, con la diferencia de que no se le pone queso a la torta.

SOPA DE TORTA DE ALMIDÓN

Se prepara como la anterior.

SOPA DE TORTA DE ARROZ

Se muele un poco de arroz en crudo, y esta masa se mezcla con huevos batidos y queso para hacer la torta, preparándose en lo demás como la de maíz.

SOPA DE TORTA DE CARNE

Muélase la carne cocida, se guisa, se mezcla con huevos batidos para hacer la torta, y en lo demás se procede como en las anteriores.

SOPA DE TORTA DE ARROZ COCIDO

Se cuece el arroz hasta que floree, se escurre bien y se prepara la torta con harina y huevo. En lo demás se procede como en las anteriores.

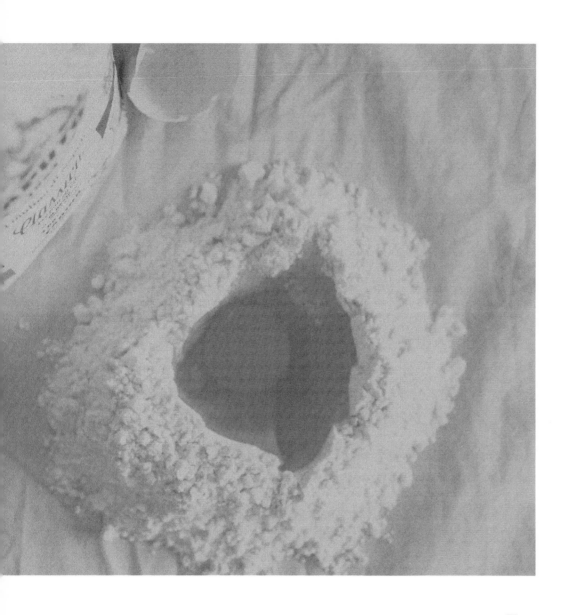

SOPAS DE ENVUELTO

6

ENVUELTOS DE PAPA EN SOPA

Se cuecen o se fríen tajadas de papa y se hacen envueltos con tajadas de queso, que se agregan al caldo como en las de torta.

De papas cocidas y molidas: se mezclan con yemas de huevo, queso molido y harina para preparar los envueltos, y después se ponen en el caldo como las demás.

ENVUELTOS DE BERENJENA EN SOPA

Se desconchan las berenjenas, se parten en tajadas y se ponen un rato en agua de sal. Luego se cuecen, se envuelven con harina y huevo, se fríen y se ponen en el caldo como en las anteriores.

ENVUELTOS DE COLIFLOR EN SOPA

Cocido el coliflor, se parte en pedacitos, que se envuelven; y en lo demás como en las anteriores.

ENVUELTOS DE PAN EN SOPA

Se untan con mantequilla las tajadas de pan y se envuelven, procediéndose como en las otras.

ENVUELTOS DE APIO EN SOPA

Lo mismo que la anterior, pero deben ponerse los envueltos en el caldo hirviendo cuando ya se van a servir.

2

SOPAS DE PLÁTANO

SOPA DE PLÁTANO VERDE

Se corta el plátano en ruedas, que se fríen en manteca, se majan un poco, pero de modo que queden enteras, y se ponen en caldo hirviendo guisado con huevo batido y queso desmenuzado, dejándolas en el fuego hasta que se conserven. El plátano debe estar hecho y fresco; puede prepararse también asado y machacado, en vez de frito.

SOPA DE PLÁTANO PINTÓN

Partido el pintón en ruedas gruesecitas, se fríen estas en manteca, se ralla un poco de queso, se mezcla con huevo batido, se envuelven las ruedas y se vuelven a freír; y así preparadas, se ponen al fuego en poco caldo con salsa.

15

SOPAS VARIAS

AREPA DE MAÍZ EN SOPA

Pártase en pedacitos una arepa del día anterior y se pone en caldo hirviendo, agregándole huevo batido, queso desmenuzado y leche, según los gustos.

SOPA DE TRIGO

Previamente remojado el trigo, se raspa como la cebada y se pone a hervir en caldo, con ruedas de papa, pedacitos de marrano y guiso, hasta que quede el trigo blando y floreado como el arroz.

ARVEJAS MOLIDAS O CHUNGUTE

Se tuestan las arvejas hasta que queden doradas, se muelen, se ciernen y se disuelve esta harina en caldo, dándole el grueso de la chicha, se le agrega guiso molido y se pone a hervir, meneando para que no se pegue. Si engruesa mucho, se le echa más caldo hasta que quede a buen temple. Esta sopa, conocida también con el nombre de baile, es un recurso para aprovechar el grano que resulta muy duro, pues puede hacerse lo mismo de arvejones.

HOJALDAS HORNEADAS EN SOPA

Mojada la harina con huevo, se extiende la masa en forma de arepa, pero tan delgada como para hojuelas; se les unta manteca por encima y se enrollan sobre sí mismas cada una de estas arepas, de modo que queden como tacos o carabinas. Luego se parten en ruedas que se comprimen un poco entre los dedos hasta medio extenderlas como arepitas; y se ponen a hornear en latas, procurando queden apenas doradas. Así preparadas las hojaldas, se ponen en el caldo, como se hace con las tortas, con la ventaja de que pueden prepararse y tenerlas guardadas por varios días para hacer una buena sopa con prontitud.

MAZAMORRA DE MAÍZ EN SOPA

Se desata un poco de masa de maíz pelado o pilado en caldo y se pone al fuego hasta que hierva un poco; luego se le agregan ruedas de papa, pedazos de marrano, re- pollo picado y guiso, y todo se deja hervir hasta que la mazamorra esté bien cocida y el picadillo blando.

SOPA DE ARROZ CON LECHE

Se pone a cocer el arroz en agua y al empezar a florear, se le agrega la leche, condimentándolo después como el arroz en puro caldo.

SOPA DE FIDEOS CON LECHE

Póngase a hervir la leche con poca agua, sal y buen guiso; y sazonado esto agréguense los fideos de la clase que se quiera, procurando que no quede la sopa muy calduda.

SOPA DE FIDEOS CON ARVEJAS

Se muelen las arvejas cocidas y se cuelan con caldo de carne, se ponen a hervir luego, agregándole los fideos o macarrones con buen guiso.

ARROZ A LA MILANESA

Se fríe el arroz con manteca, sal y pimienta, se le agrega agua caliente, unos pedazos de repollo cocido, ruedas de papa cocida y salsa preparada en mechado; y cuando ya se va a servir, se le pone queso de Flandes rallado.

ALBÓNDIGAS EN CALDO

Molida la carne en crudo, se mezcla con huevo, queso, aceite, vinagre, pan o rosca y la sal y pimienta necesarias. Con esta masa se hacen las albóndigas, que se ponen a cocer en caldo condimentado, y al hervir este un poco, se le agrega un huevo batido para que espese y se sazonen mejor las albóndigas.

PEPINOS RELLENOS EN SOPA

Cocidos los pepinos, se rellenan con picadillo de carne condimentado para hacer empanadas, se envuelven con harina y huevo, se fríen y se ponen en el caldo, como en las anteriores.

HOJAS DE REPOLLO RELLENAS EN SOPA

Se preparan lo mismo que la anterior

SOPA DE REPOLLO Y FRIJOLES VERDES

Se pica un repollo pequeño en crudo, se le agregan ruedas de papas, frijoles verdes cocidos, pedacitos de queso de Flandes, perejil, albahaca extranjera, rosca molida, aceite y buen guiso o salsa; y todo junto se pone al fuego con poco caldo, o agua si fuere día de vigilia, hasta que esté cocido y en sazón.

SOPA DE OSTIONES

Se pican cebollas de cabeza menudamente, se fríen en mantequilla; y luego se fríen también ruedas de pan. A lo que quede de esta grasa, se le agregan las cebollas, media botella de leche, un poco de caldo bueno y un potecito de ostiones con el caldo que contiene; y cuando todo haya hervido lo suficiente con la sal que sea necesaria, se retira del fuego, se le agrega inmediatamente el pan y dos huevos batidos y se tapa la vasija por un rato, quedando luego en disposición de servirla.

ALBONDIGUILLAS EN SOPA

Póngase en una artesa cuatro huevos, un cuarto de botella de leche, dos onzas de manteca fresca y un poquito de sal y pimienta. Bátase todo, mezclándole un poco de harina hasta que se haga una masa consistente; luego se hacen las albondiguillas del tamaño de una aceituna, se fríen en manteca, se ponen después en la sopera, echándoles encima el caldo hirviendo, bien sazonado.

3

SOPAS ESPECIALES

SANCOCHO O HERVIDO

Mientras se desangra la carne en agua, se pone al fuego la olla con el agua y sal suficientes, y cuando esté hirviendo se le echa la carne con tomate o vinagre. Ya cocida, se le pone la verdura, esto es, auyama, apio, yuca, papas y repollo, con más tomate, cebolla, un poquito de manteca con onoto y ajo molido en poca cantidad. Cuando ya esté, se le pone el perejil picado. Si se desea todavía mejor, se le agrega tocino, marrano o carne salpresa y puede hacerse, en la misma forma, de gallina u otras aves. Es importante saber, que, si se quiere poner plátanos al sancocho, estos se cocinan aparte y se le agregan después, dejándolos hervir un poco para que tomen gusto.

AJIACO O SANCOCHO REINOSO

Por el mismo procedimiento anterior se prepara el ajiaco, pero picados menudamente todos los ingredientes y añadiéndole un poco de arroz.

MONDONGO O MUTE

Desde la víspera por la mañana, se pone el callo de res en agua con vinagre y sal, o un poco de limón, y durante el día se estará restregándolo y mudándole el agua hasta que quede bien blanco. En la noche, se pica en pedacitos, que se ponen a hervir en agua con sal, dejándolos en el fuego toda la noche. Muy de mañana, se le agrega un poco de maíz pelado o pilado para que se cocine junto con el callo, poniéndole también desperdicios de marrano, como pezuña, trompa, papada y cuero de tocino, y la misma carne de marrano, todo picado. Se le echan, además, papas, auyama y repollo picados, y un buen guiso preparado separadamente con tomate, cebolla, ajo molido, pimienta, cominos y vinagre. Este guiso debe hervir un rato junto con el mondongo, hasta que todo quede en buena sazón.

9

PASTAS

MACARRONADA CRIOLLA

Se cuecen los macarrones en agua con sal hirviendo, de modo que no queden muy blandos, y se escurren en una espumadera u otra vasija propia para el caso. Por separado, se hace una salsa muy picada de tomate, perejil, cebolla de cabeza, ajo, pimienta, cominos y manteca. Preparada esta, se ralla queso de Flandes o criollo; y en una sartén van colocándose primero una capa de queso, después una de salsa, luego una de macarrones y así sucesivamente, calculando que la de encima o última debe ser de queso. Esto se pone a fuego lento, cubriendo la sartén con una lata y brasas, a falta de horno.

MACARRONADA A LA ITALIANA

Póngase en una vasija apropiada un lomo de carne de res con un pedazo de tocino, como para hacer un mechado, con suficientes ruedas de tomate riñón o conserva de lo mismo, cebollas de cabeza, ajos bien majados, apio de Castilla en poca cantidad, perejil, una hoja de albahaca extranjera, pimienta, unos tres clavos de comer, aceite y manteca. Esto se deja mermar a fuego lento con la sal necesaria para que la salsa que resulte quede bien conservada. Los macarrones se ponen, por separado, en agua hirviendo con sal, y cuando ya están cocidos se escurren en una espumadera o en un canastito común; se ralla queso de Flandes o queso patagrás y, junto con la salsa ya descrita, se le agrega a los macarrones, mezclándolo todo. Es bueno ponerle al queso rallado un poquito de pimienta molida. El lomo o mechado, que se ha empleado para hacer la salsa, se sirve por separado.

Otro modo: En vez del mechado, se pone a cocer una libra de marrano, un pollo y un pedazo de tocino. Cuando esté todo cocido, se muele en máquina o se jigotea; y con este picadillo se hace la salsa en el mismo caldo que dejó el cocimiento, agregándole los ingredientes ya dichos y observándose todo lo demás que arriba se ha indicado.

MACARRONES CON OSTIONES

Se preparan lo mismo que los anteriores; pero en vez de carne de res, marrano, pollo y tocino, se prepara la carne con los ostiones, sin desmenuzarlos y con el mismo caldo que traen.

MACARRONES EN PURA SALSA DE TOMATE

Los macarrones se cuecen en caldo de carne, o en agua hirviendo con sal si fuere día de vigilia, y enseguida se ponen en la salsa de tomate, que debe llevar cebollas de cabeza, ajos, perejil, apio de Castilla, pimienta y mantequilla. Siempre debe agregárseles queso rallado.

MACARRONES CON PAPAS

Se pone a hervir el caldo y se le echa ruedas de papa en proporción de los macarrones, que se le agregan un poco después con salsa de tomate.

RAVIOLI, PLATO ITALIANO

Se cuece una gallina o pollo con una libra de lomo de marrano y cuatro onzas de tocino, y ya cocidas estas carnes, se muelen o jigotean y se guisan en su propio caldo, agregándoles ajos, perejil, tomate riñón, sal, pimienta y aceite, todo bien picado; después se cuecen unos sesos de res, se ralla un pedazo de queso Flandes, se muele una libra de queso fresco o cuajada y se pasan por agua hirviendo unas hojas de borraja fresca, que se pican menudamente con más perejil. Todos estos ingredientes, inclusive las carnes molidas y guisadas, se mezclan con seis huevos, y se revuelve todo junto en una cazuela, quedando así preparado el relleno.

Se mojan dos libras de harina con huevo y poca agua, amasándola hasta que quede en punto de hojuelas; se extiende la masa en hojas finas, y con una cuchara se pone sobre una hoja el relleno, formando montoncitos, separados unos de otros convenientemente. Hecha esta operación, se cubre la hoja con otra igual y resulta una agrupación de pastelitos, que se dividen o cortan con un vasito o copa pequeña, o también con una rodaja o rodadela.

Estos pastelitos se preparan en la tarde, se colocan sobre tablas, previamente cubiertas con un lienzo, al cual se le espolvorea un poco de harina. Al día siguiente, se hace una salsa con carne en un todo semejante a la prescrita para la macarronada a la italiana. Los pastelitos se cuecen en agua hirviendo con sal, hasta que floten; luego se escurren en una espumadera, y se condimentan con la salsa lo mismo que los macarrones.

Otro modo más breve: Cuando se quiere preparar raviolis para el mismo día, se cuece un pedazo de lomo de marrano y uno entero de carne de res, se muelen o jigotean, se guisan con buena salsa y se les ralla queso. Con este relleno pueden prepararse los pastelitos lo mismo que los otros, pero por la mañana, agregándoles la salsa en la misma forma.

SOPA DE TALLARINES

Se mojan dos libras de harina con huevos, amasándola hasta que quede a buen temple, más bien dura. Extendida la masa, se corta en tiritas, o se pasa por una máquina de moler carne, preparación que debe hacerse la víspera. Estos tallarines se cuecen y se condimentan lo mismo que los macarrones, pero con la diferencia de que necesitan, después de puesta la salsa y antes de rallarles el queso, tenerlos un rato al fuego para que se cocinen un poco junto con la salsa.

45

CARNES

MECHADO

Por espacio de dos horas, poco más o menos, se desangra el lomo de carne en agua con jugo de limón; se rellena después con tocino, ajos, cebolla de cabeza, salchicha o chorizo, todo picado, un clavo de comer y pimienta entera; y se pone a fuego lento en olla de barro con vinagre, vino, manteca y especias, sin nada de agua. Cuan- do ya esté conservado, se le agrega salsa de tomate para servirlo.

MECHADO ASADO

Desangrado el lomo, se aporrea con un palo o mazo; se adoba con aceite, vinagre, ajos, pimienta y sal, y se pone a asar, untándole mantequilla repetidas veces. Después se pone al fuego otra vez en una cazuela con poco caldo, y cuando ya va a estar, se le agrega salsa de tomate un poco cargada de pimienta.

CARNE ASADA APORREADA

Aporreada la carne como en la anterior, se tiene bastante rato en el adobo; se pone después a asar muy lentamente, y cuando ya va a estar, se le unta con una pluma aceite mezclado con vino y azúcar, punzando la carne al sesgo con un cuchillo para que se penetre bien, así se mantiene en el fuego hasta que se dore por completo.

OTRA CARNE ASADA APORREADA

Aporreado el lomo, se parte en ruedas un tanto gruesas, que se asan sin sal. Después se ponen al fuego en salsa de tomate con bastante perejil y la sal suficiente.

CARNE ASADA CON HINOJO

Adobado el lomo con ajo, aceite, pimienta, pepitas de hinojo tiernas molidas, caldo de limón y sal, por varias horas, se pone a asar a fuego lento, untándole con una pluma la salsa que ha dejado el adobo, hasta que esté bien asada.

BISTEQUE (BEEFSTEAK)

Se parte el lomo de carne en pedazos o en ruedas, que se majan un poco; se medio fríen en manteca caliente y se ponen luego en una cazuela o cacerola con aceite, vinagre, perejil, ajo molido, pimienta, sal, manteca y poca agua a que se cocine a fuego lento.

BISTEQUE CON HUEVO

Se parte el lomo en ruedas, se adoban con aceite, vinagre, ajos, pimienta y sal; después se envuelven en huevo batido y se fríen; y ya fritas, se ponen al fuego en salsa de tomate para conservarlas un poco.

BISTEQUE CON BIZCOCHO

Se prepara como el anterior, con la diferencia de que en vez de huevo se envuelven las ruedas de carne en polvo de bizcocho o rosca de pan. De este mismo modo se hacen con harina.

BISTEQUE TIBIO

Partido el lomo en ruedas, se ponen estas en una cazuela por varias horas con ruedas de cebolla, tomate riñón, perejil, ajo molido, ají dulce picado, orégano molido, pimienta, sal, aceite y vinagre, colocando sucesivamente una capa de carne y otra de los condimentos anteriores. Un momento antes de servir este bisteque, se pone al fuego una sartén sin manteca ni caldo alguno, y en ella se irán calentando las puras ruedas de carne, volteándolas una sola vez, a medio freírlas en su propio jugo, hasta que queden blancas. Hecha esta operación, se pasa ya a la bandeja, volviendo a agregarles la salsa en que estaban antes, y se sirven tibias o frías.

BISTEQUE CON PAPAS

Majadas las ruedas de carne, se adoban por el método ordinario y después se ponen al fuego en la cazuela con poca agua, tomate, cebolla, perejil, especias y manteca, añadiéndoles papas crudas enteras, a efecto de que todo se cocine junto, hasta que se conserve y queden las papas penetradas de la salsa.

BISTEQUE CON ARVEJAS TIERNAS

Se prepara lo mismo que el anterior, añadiéndole aceite, vinagre y más cantidad de tomates; y en vez de papas, las arvejas tiernas desgranadas y crudas para que se conserven bien en la salsa.

BISTEQUE CON CHAYOTA

Lo mismo que el anterior, pero con la chayota picada en crudo; y puede prepararse también con pedazos de carne cocida.

BISTEQUE CON MANTEQUILLA

Las ruedas de carne deben ser de lomo aporreado, y se ponen en adobo común. Un poco antes de servirlas, se fríen en mantequilla hasta que blanqueen, y después se ponen en la cazuela a que se conserven en salsa, como los anteriores.

BISTEQUE DE CARNE RELLENA

Cocido un poco de marrano, se jigotea y se guisa como para relleno de empanadas, con garbanzos y alcaparras; y de un pedazo de lomo de carne se parten en crudo telas delgadas, con las cuales se envuelve el relleno dicho, en forma de tungos como los bollos o empanaditas, que se amarran con hilo y se ponen a cocer en buena salsa de tomate hasta que se hayan conservado.

ALBONDIGONES

Molida la carne de lomo en crudo, se mezcla con aceite, vinagre, ajos, pimienta, dos huevos batidos, queso, pan remojado, sal, guiso y tocino jigoteado; y todo se amasa bien, formando dos o tres bolas, que se ponen en una olla con poca agua y guiso a mermar a fuego lento.

QUESO DE CARNE

Se prepara la carne del modo anterior, pero sin pan y agregándole vino blanco. En vez de varias bolas se hace una sola en forma de queso, poniéndose luego a conservar en la salsa como los albondigones.

ALBONDIGUILLAS FRITAS

Molida la carne, se mezcla con aceite, vinagre, pimienta, sal, ajos, pan o rosca molida y perejil picado, y se hacen las albondiguillas en forma de torticas, que se fríen hasta que se doren. En vez de fritas pueden ponerse a cocer en salsa, pero entonces deben llevar huevo batido. Del primer modo se hacen también albondiguillas de hígado de res crudo o cocido, pero fritas.

HÍGADO EN SALSA

Se parte en pedacitos el hígado de res, en crudo, y se adoba por el método ordinario. Por separado, se ponen en una cazuela ruedas de cebolla, tomates, perejil, ajos, pimienta, sal, manteca y aceite; y un cuarto de hora antes de servirlo se pone a hervir el hígado en esta salsa, y no antes porque se endurece demasiado cuando se cuece mucho.

HÍGADO FRITO

Puesto en adobo un rato, se fríe envuelto en polvo de bizcocho, teniendo cuidado de que queden bien doradas las tajadas de hígado, que deben ser delgadas.

GANSO DE CARNE RELLENO

Se abre por un lado el ganso de carne crudo y se rebana por dentro, de modo que quede hueco para rellenarlo con un compuesto de huevo batido, tocino picado, perejil, ajo, bizcocho o rosca molida, queso de Flandes, alcaparras, sal y pimienta. Este relleno se pone previamente un rato al fuego para que medio cuaje, meneándolo. Después se rellena el ganso, se cose y se pone al fuego en poca agua con sal, hasta que ablande lo suficiente, añadiéndole, luego, buena salsa para que se con- serve como mechado; y puede también hornearse en esta misma forma, pero ya cocido.

ESTOFADO

Se parte carne de res, chorizo o marrano y tocino, todo crudo, en pedacitos pequeños como para hacer hallacas; se ponen a cocer en agua con sal, y cuando ya haya ablandado un poco, se condimenta con papas picadas, repollo, garbanzos cocidos, cebollas, tomates, perejil, ajo, pimienta, cominos, ají pimiento, clavos, una astilla de canela, manteca, vinagre y aceite. Esto se deja hervir hasta que esté conservado. Del mismo modo se prepara el esto- fado con pavo, gallina, pato, conejo, etc.

CARNE RELLENA ASADA

Se rellena el lomo con tomate, ajos, aceite o manteca, vinagre, sal y pimienta, como si se fuera a mechar; y así relleno se pone a asar media hora antes de servirlo, a fuego lento, o una hora, si se quiere más asado.

LENGUA MECHADA

Cocida la lengua de res desde la víspera, se despelleja y se rellena con el relleno del mechado; y se tiene en adobo durante toda la noche. Al siguiente día, se pone al fuego a mermar en la forma común.

LENGUA ROSADA

Limpia la lengua del hollejo en crudo, se adoba con sal común y sal de nitro, teniéndola así por espacio de dos o tres días, con el cuidado de remudarle diaria- mente dichas sales, volteándola y punzándola con un cuchillo para que quede bien penetrada. La víspera de preparada, se rellena con tocino, cebolla, ajo, alcaparras, pimienta y aceite, y se adoba nuevamente con aceite, vinagre, ajo y especias, dejándola así varias horas, hasta la noche, en que se cuece en pura agua. Por la ma- ñana se pone a guisar en forma de mechado.

LENGUA CON PIÑA

Después de limpia la lengua, se rellena con piña picada, clavo y ca- nela, aceite, sal, poco vinagre y vino dulce, y se pone a cocer en agua, a la cual se le agrega media libra de papelón, o un poco más si la len- gua fuere grande; un cuarto de botella del mismo vino dulce, man- teca o aceite y la cantidad de piña que haya sobrado del re- lleno, pues al efecto se pica una entera para ambas cosas. Esto se prepara desde la víspera en la noche y se deja conservar a fuego lento.

LENGUA A LA HABANERA

Córtese en pedazos la lengua después de limpia y póngase a cocer en agua con sal; cuélese el caldo y vuélvase a echar con la lengua y dos vasos de vino tinto o blanco, cebollas fritas con un poco de harina y huevos duros en tajadas; sazónese, échesele un puñado de perejil y déjese cocer hasta que esté ya blanda la lengua.

LENGUA EN SALSA

Limpia la lengua, se pone a cocer en agua con sal, y cuando haya hervido un rato, se saca, se parte en ruedas, se cuela el caldo y se le agrega a este cebollas, ajos y perejil picados, pedacitos de tomate riñón, pimienta y guayabita molidas, aceite y poco vinagre; y se ponen a conservar en esta salsa las ruedas de lengua.

CARNE CON CHOCOLATE

Se cuece la carne hasta que quede bien blanda, se desmenuza, se fríe en manteca con sal, cebolla y perejil picados, y un poquito de pimienta. Cuando se esté friendo, se le agrega unas dos bolas de chocolate molidas y un poquito de azúcar o papelón raspado.

ALBÓNDIGAS DE MARRANO

Se muele el marrano, se adoba con aceite, vinagre, ajos, pimienta, perejil picado y sal; y se deja así toda una noche. Si estuviere flaco el marrano, se le agrega tocino picado. Al día siguiente, se hacen las albóndigas en forma de torticas un rato antes de servirse, y se fríen en manteca.

FRICANDÓ DE TERNERA

Se parten las pulpas de ternera en pedazos de dos dedos de grueso, se mechan con trocitos de jamón gordo o con tocino; pimienta desquebrajada y clavos en pedacitos; se ponen a cocer en agua con sal, manteca, trozos de zanahoria y cebollas enteras. Cuando estén cocidas las cebollas y zanahorias, se doran en manteca, se les espolvorea harina y luego se les echa un poco del caldo en que se cocinó la carne, sazonándolo con especias menos comino. Se fríe entonces la carne cocida, se echa en el caldo sazonado y se pone a mermar al fuego hasta que espese lo suficiente. Para servir, se colocan encima las zanahorias y cebollas fritas.

SALPICÓN

Se parte la carne en pedacitos después de cocida, se pone en vinagre, aceite, pimienta, sal, ají dulce picado, perejil y ruedas de cebolla, y se deja así varias horas. Esta carne se sirve fría.

CARNE JIGOTEADA

El modo ordinario de hacerla es el siguiente: jigoteada la carne cocida, se mezcla con guiso, previamente hecho con tomate, cebolla, perejil y ajos picados, pimienta y clavos molidos, manteca, aceite, sal, vinagre y pedacitos de huevo cocidos y se le agrega también ruyas o peloticas de masa de maíz cocidas, o ruedas de plátano maduro fritas, y todo se pone a guisar al fuego hasta que se sazone.

CARNE ASADA Y FRITA

Se medio asa la carne con pura sal, se machaca, se desmenuza y se fríe en manteca con un poquito de vinagre, tomate, ajo picado.

CARNE FRITA A LA ITALIANA

Se ponen a freír en aceite ruedas de cebolla, ajos picados, pimienta y sal molidas; y así que estén medio fritas, se les agrega la carne ya cocida y desmenuzada para que se fría todo junto.

CARNE EN VINAGRE

Se cuece un ganso de carne de res; se parte en ruedas, que se ponen en vinagre fuerte, agregándoles ruedas de cebollas pasadas por agua hirviendo, sal, pimienta y clavos enteros y unos dientes de ajo machacados. Así preparada, debe tenerse una semana en envase de vidrio; y cuando se quiera servir, se condimenta con aceite, pimienta molida, perejil, más sal, si fuere necesario y ruedas de tomate riñón. Del mismo modo se prepara con la carne cruda, en ruedas delgadas, majadas con un palo antes de ponerlas en vinagre. Esta carne es de mucha comodidad para fiambre o avío de viaje.

ENTREVERADO

Se parten en pedacitos de regular tamaño hígado, riñón y tocino; se adoban con aceite, sal, pimienta molida y un poco de vinagre, y hecha esta operación, se van ensartando dichos pedacitos en un alambre de hierro, interponiendo los de tocino entre los de riñón e hígado, y así se ponen a asar a fuego lento, espolvoreándoles rosca molida, después de haberles untado el resto del adobo. El hígado y riñón pueden ser de res, pero queda mejor el entreverado siendo de marrano.

MECHADO DE MARRANO

Desde la víspera se adoba el lomo de marrano por el procedimiento común y se deja así toda la noche. Al día siguiente, se rellena con pedacitos de tocino, ajo, sal, pimienta, cebolla, pasas, aceitunas, alcaparras, aceite y vinagre; se pone en salsa de tomate y se hornea.

PIERNA DE MARRANO CON DULCE

Desde la víspera se pone la pierna de marrano en adobo con sal, pimienta, orégano y poco vinagre; y cuando ya se vaya a preparar, se echa en la vasija apropiada con media botella de vino dulce, poco más o menos; media libra de azúcar, si es pequeña la pierna; astillas de canela y clavos. Puede cocerse a fuego lento como el mechado en fogón u hornilla, a falta de horno. De este mismo modo puede prepararse carne de res.

CARNE EN POLVO

Se escoge un pedazo de carne de res que no tenga gorduras ni pellejos; se asa con la sal suficiente y previamente abierta. Cuando esté bien asada se maja y se pone a tostar en un budare hasta que se abizcoche, pero sin que se queme; luego se muele, volviendo a poner en el budare a retostar los pedazos de carne que no se hayan pulverizado para molerlos otra vez.

CALLO DE RES EN SALSA

Preparado y cocido el callo como para hacer mondongo o mute, pero partido en tiritas, se prepara una buena salsa de tomate, y en ella se pone el callo a que se con- serve a fuego lento; y ya para servirse se le agrega queso rallado.

SESOS EN SALSA

Se lavan los sesos de res y se cuecen en agua hirviendo; se dividen en pedazos y se ponen en salsa de tomate como el callo, y para servirlos se les echa también queso rallado de Flandes o criollo.

JAMÓN PLANCHADO

Se pone el jamón en agua a efecto de que ablande el hollejo que lo cubre y sea más fácil quitárselo por completo. Enseguida se pone a hervir en guarapo o agua miel con pedacitos de piña; y cuando se haya reblandecido, se saca y se pone a escurrir; luego se va remojando con vino dulce mezclado con azúcar y canela molidas, y planchándolo al mismo tiempo, con un papel fino interpuesto entre la plancha y el jamón, hasta que quede bien dorado por todos lados. A fin de que se conserve mejor, se baña con almíbar y se mete al horno.

MECHADO HORNEADO

Se rellena el lomo con tocino, chorizo, aceitunas, alcaparras, aceite, vinagre, pimienta y sal; después se deja en salmuera un rato y se pone, enseguida, en una vasija honda de barro con vinagre suficiente para cubrirlo, y así se tiene desde la víspera. Al siguiente día por la mañana, se le saca el vinagre y se le echa vino hasta cubrirlo también, teniéndolo así varias horas; y, últimamente, sin quitarle el vino, se le pone por encima salsa de tomate y se mete al horno.

ADOBO DE CARNES

El modo ordinario de adobar es poner la carne en aceite, vinagre, pimienta, ajos y sal, durante algunas horas. Respecto a las carnes de marrano, chivo, ovejo, conejo, y también el pato, en vez de vinagre se pondrá caldo de naranja agria y se añadirá a los ingredientes ya dichos orégano molido.

CHINCHURRIAS

Rellenas: se tienen un rato en agua de sal, luego se rellenan con una mezcla de leche, pan y huevo, que se guisa bien, y se hornean. Mermadas: partidas en pedacitos, se ponen a mermar al fuego en guiso bien condimentado, y al estar en sazón, se les espolvorea bizcocho y queso rallado.

4

AVES

OLLETA

Se cuece un gallo o una gallina con tocino, y marrano si se quiere, todo en pedazos; y cuando ya haya hervido un poco, se le pone vinagre, ruedas de cebolla, un pedacito de azúcar, calculando que no quede muy dulce, un poco de vino, ruedas de tomate, ajos, sal, pimienta, tres clavos y cominos en poca cantidad, y se deja en el fuego hasta que esté bien conservado

AVES EN SALSA

Bien sea entera o despresada, pero en crudo, se pondrá el ave, ora sea gallina, pollo, pato, etc., en una salsa de tomate bien condimentada, también en crudo, para que todo se cocine y conserve a fuego lento.

PAVO RELLENO HORNEADO

Antes de matar el pavo, se le echa por el pico un poco de vinagre o de aguardiente y se le fatiga, haciéndolo correr un rato sin descanso. Ya listo el pavo, se deshuesa, si se quiere, y se pone en adobo un día y una noche antes de hornearlo.

El relleno se prepara del modo siguiente: se baten unos ocho o diez huevos y se mezclan con un poco de leche unas diez o doce roscas molidas, suficiente queso Flandes rallado, tocino jigoteado, los desperdicios o menudillo del mismo pavo, después de cocidos y picados; ajos y perejil picados, pimienta molida, aceitunas, alcaparras, pasas y salsa de tomate. Todo se pone un ratico al fuego para que cuaje, y con esto se rellena el pavo, el cual se hornea colocado en una cazuela con guiso, teniendo cuidado de que el horno esté regular de caliente.

Otro relleno: los mismos desperdicios del pavo ya cocidos se pican menudamente junto con marrano y tocino, y esto se mezcla con la salsa de tomate, agregándoles pasas, alcaparras, y ruedas de huevo cocido; y todo se pone a guisar un rato antes de rellenar el pavo. De más estará advertir que tanto a este relleno como al anterior se les pone la sal necesaria, y que con uno y otro se preparan también gallinas y pollos horneados o guisados.

GALLINETA RELLENA

Se maja un pedazo de carne de res, de la parte que llaman gallineta, hasta extenderla un poco; se cose luego formando una especie de bolsa, para que pueda recibir el relleno, que se prepara así: a cuatro o cinco huevos batidos, se les agrega tres o cuatro roscas molidas, un poco de leche, perejil y ajos picados, y sal y pimienta molidas. Preparado esto, se rellena la carne, se cose y se pone a cocinar en agua con sal la víspera de servirse. Puede agregarse al agua, si se quiere, los aliños necesarios para el mechado, o si no, se partirá en ruedas dicha carne así cocida, y puede servirse en la forma que se quiera. Debe ponérsele al relleno un poco de que- so de Flandes o criollo rallado.

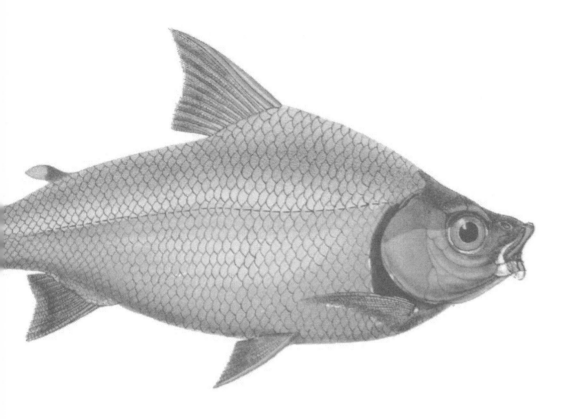

10
PESCADOS

MODO DE PREPARAR EL BACALAO

En salsa: se pone en agua desde la víspera para desalarlo, mudándosela varias veces; se cuece después un poco y se le quitan con cuidado las espinas y luego se pone al fuego a guisar con salsa de tomate hasta que sazone bien.

Otro modo: desalado y sin espinas, como queda indicado, se parte el bacalao en trozos y se hace que dé un hervor. Por separado, se asan unos tomates, se les quita el hollejo y con una cuchara de madera se deshacen bien en un plato. Se pican luego menudamente cebollas de cabeza, perejil y ajos molidos, para que todo junto se acabe de freír. Puesto el bacalao en una cazuela, se le echa encima la salsa así preparada y se deja a fuego lento hasta que esté bien cocido, cuidando de menearlo a menudo para que lo penetre la salsa.

En escabeche: preparado el bacalao desde la víspera, se parte en trocitos gruesos, se fríen en manteca hasta dorarlos; después de fritos se sacan y se les pone suficiente aceite, vinagre fuerte, encurtido extranjero, aceitunas, alcaparras, ruedas de cebolla frita, sal y pimienta. Esto se deja en una vasija honda de loza por varios días.

En ensalada: cocido y desmenuzado el bacalao, después de desalado, se pone en vinagre, aceite, sal, pimienta y ruedas de cebolla, y un poquito de azúcar para los que les guste agridulce; de este modo se tiene varias horas antes de servirlo.

Con papas: ya desalado, se parte en pedazos y se fríen en aceite; y cuando esté bien dorado, se le echa agua y unas papas para que todo junto se cocine. Se machacan unos ajos y se fríen con perejil, pimienta y migas de pan, y esto se agrega al caldo, dejándolo hervir un poco para que espese más.

Al estilo francés: cocido el bacalao, tómese la fuente en que haya de servirse, que deberá ser un poco honda; póngase en ella ajo majado, cebolla, perejil, ruedas de tomate sin hollejo ni pepitas, pimienta en grano, dos cucharadas de aceite y una de manteca; póngase el bacalao por encima y cúbrase con una capa de igual mezcla, espolvoreándole rosca molida; después, póngase la fuente a fuego lento para que hierva poco a poco, añadiéndole un poco de jugo de limón y pimienta por encima.

Al estilo arriero: cocido y escurrido el bacalao se pone en el plato, se le echa encima una salsa compuesta de este modo: fríase ajo en aceite y se le agrega después ají pimiento e igual cantidad de vinagre y aceite.

Al estilo marinero: ya cocido, se pone en la fuente con un poco de caldo, en el que se disuelve una yema de huevo cocido, un ajo machacado y un poco de pimienta; y con el bacalao, póngase también aceite crudo, vinagre y cebollas cocidas.

LISA, BOCACHICO, BAGRE, ETC.

De los mismos modos pueden prepararse estos pescados, pero se recomienda el bacalao por lo gustoso.

ATÚN, MACARELA, SARDINA, ETC.

Como generalmente estos pescados vienen en aceite, conviene quitárselo por completo y lavarlos un poco con vinagre. Para servirlos se les pone nuevo aceite con vinagre, pimienta, sal, ruedas de cebolla y de tomate riñón.

Los ostiones se preparan en el mismo caldo que traen, agregándole jugo de limón, aceite, pimienta, sal y pedacitos de pan.

17

SALSAS Y ENSALADAS

SALSAS

De tomate picado: se pican varios tomates riñones, cebollas, perejil, tres o cuatro dientes de ajo y una ramita de apio de Castilla, y a esto se agrega pimienta, sal, aceite, manteca y un poquito de agua, y todo mezclado se pone a fuego lento hasta que se conserve bien, teniendo el cuidado de revolverlo. Si se quiere, se le agregará desde el principio un terroncito de azúcar.

De berenjenas y pimientos: se mondan unas berenjenas, que no estén muy he- chas, se cortan en tajadas, a lo largo, y se ponen un rato en agua de sal para que se des amarguen. Después se ponen a hervir en nueva agua, pero poca, agregándoles tajadas de ají pimiento, tomate riñón, ruedas de cebolla, una ramita de apio de Castilla, perejil, ajo, pimienta, sal, manteca y aceite; y se hierve hasta que esté conservada.

De yema de huevo: se echan en una cacerola unas yemas de huevo, con pimienta, sal y un poquito de vinagre; se revuelve bien para que se mezcle, y después se agrega el aceite en la proporción de una cucharada por cada yema, pero que vaya cayendo poco a poco, sin dejar de revolver. Cuando ya haya cuajado al fuego y esté en punto, se le echa otro poquito de vinagre, revolviendo siempre. Esta salsa se sirve con las carnes frías.

De perejil: se deshoja bastante perejil y se muele; se remoja medio pan y se exprime luego; se muelen también tres dientes de ajo y se pica una cebolla de cabeza. Todo se revuelve, agregándole aceite, sal, vinagre, pimienta y agua para que no quede muy espesa. Se sirve cruda, especialmente con la carne cocida, y puede servirse también mezclada con ruedas de papa cocida.

Aun cuando el modo de preparar ensalada es muy conocido, no estará de más fijar como ingredientes principales la sal, el vinagre y el aceite fino; y como un recuerdo para las amas de casa, expresar enseguida las hojas, frutos, etc. de que puedan hacerse ensaladas.

Lechugas y berros: una y otra se preparan lo mismo, en el momento de servirlas, para que no se marchiten las hojas.

Repollo: puede hacerse cocido o crudo, pero para hacerlas en crudo deben siempre pasarse las hojas picadas por agua hirviendo y agregársele pimienta a la ensalada.

Coliflor: lo mismo que la de repollo cocido.

Papas: cocidas y en ruedas.

Frijoles tiernos: el medio más sencillo es despuntar las vainitas y cocinarlas para hacer la ensalada. El método italiano es el siguiente: se hierven en vinagre unos ajos molidos y se prepara la ensalada con este vinagre y los demás ingredientes, inclusive la pimienta.

Arvejas tiernas: desgranadas y cocidas previamente.

Tomate riñón: crudo, con ruedas de cebolla, perejil y pimienta.

Pepinos: cocidos y sin tripas si fueran criollos.

Auyama tierna: cocida.

Chayota: lo mismo.

Aguacate: debe prepararse en el momento de servirla.

Piña: sin vinagre y con dulce.

Gazpacho: se remoja pan hasta que ablande, y se prepara con él la ensalada al tiempo de servirla.

Todas las ensaladas de frutas y legumbres cocidas conviene hacerlas con alguna anticipación para que queden bien encurtidas.
Es condimento artístico adornarlas con flores de marañuela y granos de granada.

47

ENTRADAS

HALLACAS

Se formula aquí solamente uno de los varios modos de prepararlas, pues tratándose de este plato verdaderamente nacional, rara es la casa donde no lo sepan hacer, ya de un modo, ya de otro, rigiendo en esto, como en cuanto a la cocina atañe, la caprichosa ley de los gustos.

Desde la víspera de hacerlas, se pican en crudo las carnes de res y de marrano, por iguales partes, si fuere salpresa la primera, mejor; y este picadillo se condimenta con cebolla y ajíes dulces picados, ajo molido, pimienta, sal, comino, vinagre, vino, clavos en poca cantidad y un poco de agua, dejándolo así en adobo hasta el siguiente día, en que se le agregan garbanzos cocidos.

Separadamente se hace en una cazuela un buen guiso con tomate riñón, cebolla, ajíes dulces y pimientos, ajos molidos, sal, especias, el vinagre de las alcaparras y suficiente manteca con onoto; esto se hierve hasta que quede en sazón, y luego se deja enfriar para que cuaje la manteca. Se prepara también tocino picado, alcaparras, aceitunas y pasas, cada cosa en un plato. La masa de maíz debe llevar un poco de manteca con onoto y quedar blanda, a fin de extenderla lo más delgada posible sobre la hoja de plátano que ha de envolver la hallaca. Esta se forma del modo siguiente: hecha la arepa de masa, más bien larga que redonda, se pone encima de ella, hacia un extremo, la cantidad suficiente de relleno, de modo que no ocupe más de la mitad de la arepa; luego se le pone una cucharada de guiso, cuatro o cinco pedacitos de tocino, repartidos convenientemente, y las alcaparras, aceitunas y pasas que se quiera, añadiéndole por último un poquito de agua en que está adobado el relleno. Para cerrarla se cubre todo con la otra mitad de la arepa, doblándola, al efecto, con la misma hoja y comprimiendo enseguida la masa en torno del relleno para que no se salga el agua. Después, se le dan los dobleces necesarios a la hoja para formar la hallaca, con la advertencia de que es importante extender la arepa de modo que el doblez de la hoja pueda hacerse en la dirección de las esquinas o puntas, y no a lo largo ni a lo atravesado, porque se rompería; y que la segunda hoja debe ir también esquinada, calculando que los dobleces de una y otra no queden para el mismo lado. Se amarran luego con fibras y cascarón de plátano o con cabuya fina de fique, y se ponen a cocer a buen fuego y en suficiente agua, por espacio de cuatro a cinco horas, sacándolas de la olla tan luego se calcule que ya están, porque no conviene dejarlas indefinidamente dentro del agua.

HALLAQUITAS DE AGUA

Por partes iguales se ponen a cocer carne de res y de marrano; se pican luego, condimentándolas con buen guiso, especies y un poco de arroz, garbanzos y huevos, todo cocido, y alcaparras si se quiere. Se le agrega un poco del caldo en que se cocinaron las carnes; y todo se pone al fuego para que se guise bien. Con esto se rellenan las hallacas, lo mismo que las otras, pero más pequeñas.

PASTELES Y EMPANADAS

La masa del pastel es de harina mojada con huevo, agua, sal, manteca y dulce, si se quiere. El relleno se prepara lo mismo que el de las hallaquitas anteriores, menos arroz y siempre con huevo cocido en ruedas. En vez de carne de res, puede hacerse lo mismo de gallina o pollo picados. Con la misma masa y relleno se preparan pastelitos y empanadas.

ENVUELTOS

Berenjenas rellenas: limpias, se parten por mitad, se tienen un rato en agua de sal, se les quitan las pepas y se rellenan con queso de Flandes o criollo, perejil y ajo picados, huevo batido, pimienta y sal molidas; se envuelven luego en huevo y se fríen. Si se quiere, pueden ponerse después a conservar en salsa.

Chayotas rellenas: limpias, no muy hechas, se cuecen, se parten y se rellenan como las berenjenas, poniéndoles además tocino jigoteado. Para prepararlas en salsa se rellenan en crudo.

Pimientos rellenos: asados un poco, se les quita el hollejo y las pepas y se rellenan lo mismo.

Hojas de repollo: ya cocidas, se rellenan del mismo modo.

Envueltos de arepa: un rato antes de hacerlos, se ponen los pedacitos de arepa a remojar en leche, y cuando estén blandos, se rellenan con una tajada de queso, se cubren con huevo batido y un poquito de harina, y se fríen en mantequilla o en manteca.

De yuca: después de cocida y molida, se hacen pastelitos, que se rellenan con tajadas de queso, ruedas de huevo cocido, guiso con rosca molida y se fríen.

De apio: pueden hacerse lo mismo que los anteriores o rellenarse como las empanadas.

De masa de maíz o indios: preparadas las bolas de masa, se rellenan con el mismo relleno de los pasteles. Si se le agrega marrano, queda mejor. Enseguida se cuecen en agua con sal, se sacan cuando estén bien cocidos y se ponen en la salsa.

De pepinos: puédanse rellenar ya cocidos, como los anteriores, o con huevo, perejil, ajo picado, queso, rosca y pimienta molida.

De plátano maduro: después de cocido y molido, se rellenan los envueltos con queso, canela y azúcar molida, o con el relleno de las empanadas.

De sémola: se disuelve la sémola en la leche con azúcar y una astilla de canela, se pone al fuego hasta que haya espesado, como para hacer majarete; se extiende sobre una servilleta espolvoreada con sémola; se cortan pedacitos, que se envuelven en huevo batido con un poquito de sal y se fríen.

Mandocas: se mezcla la masa de maíz con queso y azúcar o papelón molido, y luego se hacen roscas o arepitas que se fríen. También se prepara la masa con chicharrones y queso molido.

PIRAS

De zapallo o auyama: se cuecen tiernos, se jigotean, se mezclan con guiso que lleve aceite, rosca y queso molido y huevo; y se pone al fuego hasta que cuaje.

De auyama molida, chayota y repollo cocido y jigoteados, de cada una de estas cosas puede hacerse pira como la de zapallo, lo mismo que de habas y garbanzos cocidos, limpios y molidos.

TORTAS

Torta de hígado: se jigotea en crudo con un poco de perejil y ajos; luego se mezcla con tres huevos, rosca y queso molido. Después se pone en la sartén, con la manteca necesaria, una capa de tajadas delgadas de tocino, luego la mezcla de hígado, y encima otra capa de tocino; y se pone al fuego la sartén cubierta con una lata y brasas.

De lengua: se mezclan con buen guiso tajadas finas de lengua cocida; se pone en la sartén una capa de huevo batido con un poquito de harina y sal, luego otra de tajadas de lengua y guiso, después otra de huevo cocido y queso molido, encima otra de lengua, y la última de huevo batido. Si se quiere, puede agregársele junto con el huevo cocido y el queso, aceitunas y alcaparras. A falta de horno, bastará cubrir la sartén con lata y brasas.

De carne: jigoteada la carne cocida, como para relleno de pastel, se guisa, mezclándole rosca y queso molido, y todo se revuelve con huevo batido y se fríe.

De mojicón o bizcocho: se parten ruedas de mojicón o rosquete, se remojan con leche, vino dulce, canela y azúcar; se bate el huevo y se le agrega un poquito de sal y luego se pone en la sartén una capa de huevo batido y otra de tajadas de mojicón, y así sucesivamente, cuidando de que la última sea de huevo batido; de esto mismo se hacen envueltos.

De garbanzos: después de cocidos, se pelan y se les agrega rosca, sal, queso molido y huevo batido.

Lo mismo se preparan tortas de papa, auyama, apio, malanga, batata y plátano maduro cocidos y molidos, y también de arroz. La de batatas queda mejor si estas se asan. Todas estas tortas, excepto la de apio, pueden llevar vino dulce, canela o guayabita y azúcar molidas, si se quieren dulces.

De jojoto: con todos los ingredientes prescritos para las tortas anteriores se hace también la de jojoto, que siempre debe llevar dulce. Si son tiernos los jojotos, bastará molerlos en crudo, pero si ya estuvieren algo hechos, se necesita colar la masa antes de mezclarla.

De tajadas de plátano maduro: se remojan previamente tajadas de queso en vino o ron con azúcar y canela, por espacio de una hora, y luego se ponen en la sartén una capa de huevo batido, otra de tajadas de plátano maduro fritas y de queso con el vino, otra de huevo y otra de tajada, hasta la última que debe ser de huevo batido.

Torta italiana: se ponen a cocer seis onzas de fideos finos o macarrones en agua con sal; después de cocidos se desaguan y se mezclan con huevo batido, mantequilla, queso de Flandes rallado y el potaje llamado Diablitos. Si se quiere, se rellena con tajadas de huevo cocido y aceitunas.

De rosca: después de molida, se mezcla con queso de Flandes rallado, pimienta y guayabita molida, sal, leche y huevo batido.

Torta francesa: se unta la sartén de manteca, se le espolvorea harina y rosca molida, se le agregan huevos enteros crudos, tajadas de queso y de papa frita, se es- polvorea nuevamente harina, rosca molida, pimienta, sal, y se pone a fuego lento, cubriendo la sartén con brasas. Puede agregársele también tajadas de plátano maduro fritas y ponerle la primera y última capa de huevo batido.

De verduras: se fríen tajadas de papa, batata y apio, en crudo, y de yuca, malanga y plátano, después de cocido. Se prepara una salsa que, además de los condimentos ordinarios, lleve rosca molida y alcaparra; y se van poniendo en la sartén una capa de huevo batido con sal y un poquito de harina, otra de tajadas de verduras, otra de ruedas de huevo cocido, otra de salsa, y así sucesivamente hasta la última que debe ser de huevo batido.

De batatas asadas: después de asadas al rescoldo, se pelan y se muelen, mezclándolas con huevo batido, azúcar, mantequillas, aserrín y gotas de limón y polvo de nuez moscada y se pone en la sartén untada de manteca.

También se hace rellena así: asadas y limpias las batatas, se parten en tajadas y se ponen en la sartén sobre una capa de huevo batido, interponiéndoles otras capas de salsa de tomate y cubriéndolas con más huevo batido.

De jamón: se irán poniendo en la sartén, con manteca caliente, capas sucesivas con huevo batido con rosca molida o harina, y tajadas delgadas de jamón y de cebolla frita. Del mismo modo puede hacerse con salchicha y salchichón.

De pollo: deshuesado el pollo ya cocido, se guisa en el mismo caldo, que debe ser poco, con ruedas de tomate riñón, cebollas, ajo, perejil picado, aceite o manteca, poco vinagre, pimienta, rosca molida, queso de Flandes rallado, aceitunas, pasas y alcaparras. Este guisado se pone en la sartén entre dos capas de huevo batido.

De sesos: después de cocidos, se desmenuzan y se mezclan con rosca y queso molido, buen guiso y huevo batido. También puede hacerse partiendo los sesos en tajadas después de cocidos; estas se fríen y enseguida, se prepara la torta con capas sucesivas, una de huevo batido, otra de tajadas de sesos, otra de rosca y queso molido, y así hasta cubrirla con la última de huevo batido.

De durazno: se pone en la sartén con manteca caliente una capa de huevo batido con muy poca sal, encima se coloca otra de dulce de durazno sin pepas y en jalea o con la almíbar gruesa, después otra de huevo, otra del mismo dulce y la final de huevo batido.

De arroz con leche: preparado el dulce de arroz con leche se mezcla con canela y bizcochos molidos, vino o ron y huevo batido; se pone en la sartén y se fríe o se hornea.

Torta dulce de papas: se cuecen seis papas grandes, se muelen y se mezclan con la miel de trapiche o de papelón, harina, guayabita molida, vino dulce y cuatro huevos batidos para hacer la torta, que puede ser frita u horneada.

PAN RELLENO

Se escoge o se manda a hacer un pan francés grande de forma redonda, se le abre un cuadro por encima y se le saca el migajón; se unta de mantequilla por dentro y se rellena con el mismo relleno de pasteles; se tapa con el mismo cuadro que se le quitó, se le unta también por fuera de mantequilla, se envuelve con huevo batido y se fríe.

QUESO DE FLANDES RELLENO

Desde la víspera, se pone en agua el cascarón del queso, a fin de que se mantenga así un día y una noche para que ablande; se rellena después como los pasteles, agregándole además del relleno, rosca molida, aceitunas, alcaparras y pasas; se tapa luego, procurando pegar el pedazo de concha con una masita de maíz o de harina, y se pone en una vasija recogida, con un papel untado de mantequilla y sobre una arepita de la misma masa para que no se pegue. A falta de horno, puede ponerse a fuego lento con brasas por encima.

REPOLLO RELLENO

Se cuece entero o se abre con cuidado para que no se quiebren las hojas, y se rellena desde el cogollo, poniendo entre hoja y hoja el mismo relleno de las empanadas; después se amarra con hilo, se envuelve en huevo batido y harina y se pone a freír.

TORTICAS EN SALSA

Hecha la masa de maíz pelado o pilado, se agua un poco con leche, poniéndole sal y mantequilla o queso; se hacen las torticas, se fríen y se conservan después en una buena salsa de tomate.

HUEVOS TRUFADOS

Se cuecen hasta que queden duros, se cortan por la mitad o a lo largo y se les extraen las yemas; se muelen estas y se mezclan con anchoas, o salchichas, o hígado de ganso, y luego se rellenan con esto las claras, cubriéndolas con salsa de tomate.

BERENJENAS FRITAS

Se parten por la mitad, se tienen un rato en agua de sal, se rellenan luego con perejil y ajo picado, pimienta, aceite y sal, y se fríen. Se preparan también asándolas, quitándoles la concha y preparándolas en tajadas con aceite, sal y pimienta.

AUYAMAS RELLENAS

Deben escogerse auyamas porteras no muy hechas, se cuecen partidas por la mitad en agua de sal, se les quita la tripa y se rellenan con el mismo relleno indicado para las chayotas; advirtiendo que, por un olvido no se puso allá, debe llevar también rosca molida y leche, que son indispensables. Enseguida se envuelven con huevo batido, se fríen y se ponen a conservar en buena salsa.

Hay otro modo: se cuecen las auyamas enteras, se les abre luego una boca por un lado y se les saca por allí la tripa; se rellenan con el mismo jigote de las empanadas, se revuelven con huevo y se fríen.

PAPAS RELLENAS

Se escogen papas grandes, se limpian en crudo, se ahuecan en forma de jicaritas y se rellenan como las chayotas, tapándolas luego con el mismo cuadrito que se les quitó para ahuecarlas, y se ponen al fuego en una salsa no muy espesa para que se cocinen bien las papas.

PLÁTANOS MADUROS

Entre varios modos de prepararlos se cuentan los siguientes:

Envueltos enteros: después de cocidos enteros, se clavetean con astillas de canela y clavo, se envuelven con huevo batido y se fríen en mantequilla o manteca.

Fritos enteros: es muy sencillo, pero no siempre de resultados satisfactorios. Todo depende de la calidad del plátano, que esté bien maduro y hongoso, y de punzarlo con un cuchillo para que penetre la mantequilla o manteca.

En dulce o malas rabias: es de los postres más gustosos y fáciles de preparar: se parten por la mitad los plátanos maduros, se ponen en una cacerola con un poco de agua, un cuarto de papelón o media libra de azúcar, unas astillas de canela, clavos, algunos tomaticos sin pepas y una cucharada de mantequilla o manteca; cuando estén ya conservados al fuego, se les agrega queso criollo molido.

CONTENIDO

Made in the USA
Monee, IL
18 July 2023

b24c6a75-5079-4da6-a62b-18e67826c771R01